AF598215

Fruits de la passion « Jaune »

Rosemonde Amour

Fruits de la passion

« Jaune »

Recueil

ISBN : 979-10-422-0791-5

La vie l'amour

J'aime de tout mon cœur la vie,
Mais plus souvent elle m'ôte toute envie ;

J'aime donner et recevoir de l'amour,
Pourtant il me joue de sales tours ;

D'une personne d'une jovialité remarquable,
Je passe parfois à celle d'une morosité exécrable ;

Tout cela fait que je souffre,
Et me retrouve souvent au fond du gouffre ;

Mais est-ce une raison pour me résigner et rester malheureuse ?

Non, je ne pense pas !
Alors j'ai décidé de tout faire pour ne pas avoir à être
adepte de la phrase suivante et connue : « Si j'avais su, je
serais heureuse ».

Ceux qui me connaissent déjà me reconnaîtront,

Ceux qui ne me connaissent pas encore apprendront à me connaître à travers cette note.

27/10/2016

Juste pour te goûter

Es-tu
Sucrée ou salée ?
Amère ou acide ?
Pimentée ou douce ?
Juste pour te goûter

Es-tu
Petit (S) ou médium (M) ?
Large (L) ou Oversize ?
Juste pour te goûter

Es-tu
À sniffer sans peine ?
Ou à piquer dans les veines ?
Juste pour te goûter

Es-tu
Hard à se faire récurer tous les trous aveuglément ?
Ou soft à surveiller toute la cadence carrément ?
Juste pour te goûter

Es-tu
Sainte ni touche ?
Ou premier soir on couche ?
Juste pour te goûter

Est-ce que
L'étiquette te colle à la peau comme un gant ?
Ou les stigmates ont été fomentés par les non-fans ?
Juste pour te goûter

Es-tu
Une belle fleur à cueillir ?
Ou une peau de vache à fuir ?
Juste pour te goûter

Es-tu
D'un QI à bouleverser le monde technologique ?
Ou d'une cervelle bourrée de fumier biologique ?
Juste pour te goûter

Es-tu
Une bombe à tout faire péter ?
Ou une chambre à air à te dégonfler ?
Juste pour te goûter

Es-tu
À te servir d'un parapluie sous la flotte ?
Ou à te faire arroser sans capote ?
Juste pour te goûter

Est-ce
La forêt à débroussailler avant de se frayer un passage ?
Ou bien le désert dégagé à perte de vue ?
Juste pour te goûter

Es-tu
Bavante comme un escargot ?
Ou sèche comme en saison aride un marigot ?
Juste pour te goûter

Es-tu
Face à nager dans l'océan de ses yeux ?
Ou pile à te noyer dans l'imagination des vagues ?
Juste pour te goûter

Es-tu
Vaginale à naviguer dans les profondeurs ?
Ou clitoridienne à surfer sur les vagues en surface ?
Juste pour te goûter

Es-tu
Chaude à faire cramer les draps en dentelles ?
Ou froide à geler la verge du moine en étincelle ?
Juste pour te goûter

Es-tu
Cochonne à permettre tous les coups ?
Ou méfiante à fermer tous les trous ?
Juste pour te goûter

Es-tu
Experte à pratiquer à fond le Kama Sutra par cœur ?
Ou novice à se lancer timidement dans les BABA par peur ?
Juste pour te goûter

Es-tu
Dominante à chevaucher cravache en main ?
Ou dominée à se faire conduire en pâturage ?
Juste pour te goûter

Es-tu
Comme la baleine bleue à gémir ?
Ou comme la Perruche de Bourke à siffler ?
Juste pour te goûter

Es-tu
Fontaine à la manette moderne ?
Ou puits à la poulie archaïque ?
Juste pour te goûter

As-tu
Quelque chose dans le cœur ?
Ou tout se trouve en bas ?
Juste pour te goûter

Il faut savoir

La nuit est longue,
Le jour tarde à se lever,
Il faut savoir attendre la lumière ;

Le virtuel est doux,
Le réel est amer,
Il faut savoir fermer les yeux et avaler ;

Les paroles ont été belles,
Les actes ne suivent pas cette beauté,
Il faut savoir se contenter de la laideur ;

La promesse est limpide,
La réalisation est trouble,
Il faut savoir ouvrir les yeux ;

Les phrases sont passionnantes,
Il n'y a plus rien à lire,
Il faut savoir tourner la page ;

Le cœur saigne,
On ne sait plus quelle langue lui parler,
Il faut savoir utiliser le silence ;

Le désir coule à flots,
L'envie stagne à fond,
Il faut savoir calmer ses ardeurs ;

La bougie a été recouverte de dentelle,
Le jeu n'en valait pas la chandelle,
Il faut savoir accepter la défaite ;

Les chemins se sont croisés,
Les objectifs sont différenciés,
Il faut savoir continuer sa trajectoire ;

Le château est en sable,
Les cartes s'écroulent,
Il faut savoir reprendre à zéro ;

La chute est vertigineuse,
Le chaos est total,
Il faut savoir se relever ;

La souffrance est intense,
Les forces chancellent,
Il faut savoir tenir le coup ;

La douleur brûle à exploser la cervelle,
La nécessité de l'apaiser à tout prix est telle,
Il faut savoir éviter le piège du dealer ;

Les souvenirs noircissent le ciel,
Le besoin de les dissiper n'est pas superficiel,
Il faut savoir éviter le surdosage ;

La colère gronde,
La riposte interpelle,
Il faut savoir garder raison ;

Le vent souffle de tous les côtés,
La bataille semble vaine,
Il faut savoir lâcher prise ;

Les épreuves sont insoutenables,
L'envie d'en finir avec rôde,
Il faut savoir écarter le doigt de la gâchette ;

La route est longue,
Le souffle s'épuise,
Il faut savoir avancer les derniers pas ;

L'attente s'éternise,
Les lignes ne bougent plus,
Il faut savoir prendre la tangente ;

L'urgence est imminente,
Les délais sont longs,
Il faut savoir être patient ;

L'engagement a été réel,
Le mérite n'a pas été au rendez-vous,
Il faut savoir rester sage ;

Il n'y a plus de repères,
Tout est en train de s'ébranler,
Il faut savoir rester digne ;

La chaleur est intense,
Le bois de Boulogne nous appelle,
Il faut savoir se désaltérer chez soi ;

La trahison est interne,
La déception est lourde,
Il faut savoir se décharger ;

Le risque était sans équivoque,
Les conséquences sont colossales,
Il faut savoir assumer ;

L'injustice est forte,
L'impuissance envahit,
Il faut savoir laisser faire le temps ;

Les blessures ont été profondes,
Les plaies en sont témoins,
Il faut savoir se reconstruire ;

Le départ est lancé,
Le rythme est soutenu,
Il faut savoir garder la cadence ;

Les vagues sont plus hautes,
L'équilibre n'est plus au rendez-vous,
Il faut savoir éviter la noyade ;

Les prières sont omniprésentes,
Les grâces se font rares,
Il faut savoir garder la foi ;

La douleur est intense,
On a su se protéger,
Mais on reste humains.

29/10/2022

01/02/2023 (11 h 50)

Comment garder la foi

L'Humanité semble abandonner la terre,
La Bestialité paraît s'être emparé du trône ;
Comment garder la foi ?

La Justice divine a l'air inexistante,
Celle des hommes sans piété est omniprésente ;
Comment garder la foi ?

La brebis est égarée,
Le berger n'arrive plus à la retrouver ;
Comment garder la foi ?

Le Bien se retrouve à la poubelle,
Le Mal ne compte plus ses Prix Nobel ;
Comment garder la foi ?

Les Bons triment avec l'aridité du désert,
Les Mauvais se prélassent dans l'exubérance du jardin d'Éden ;
Comment garder la foi ?

L'austérité menace de plus en plus les bourses du croyant,
L'abondance continue de bénir celles du mécroyant ;
Comment garder la foi ?

Les victimes sont persécutées pour l'éternité,
Les bourreaux sont graciés au centuple ;
Comment garder la foi ?

La veuve et l'orphelin restent sans défense,
Les avocats du diable brillent de leur arrogance ;
Comment garder la foi ?

Le péché n'est plus l'œuvre du satanique,
Sa présence tache les murs de la sainteté ;
Comment garder la foi ?

Le blasphème ne vient plus du Païen,
Il copule désormais avec le légendaire pieu ;
Comment garder la foi ?

Ils ont péché par action,
Ils n'ont connu de sanctions par omission ;
Comment garder la foi ?

Le désir charnel ne se trouve plus dans les dentelles de l'érotisme,
Il est enfoui dans les jupons de la chasteté ;
Comment garder la foi ?

La fornication n'est plus l'apanage de la putain,
Elle se trouve dans les sillages de la Sainte Mère ;
Comment garder la foi ?

Des innocents sont massacrés,
Les coupables sont préservés ;
Comment garder la foi ?

Le voleur d'un œuf continue ses prières à Guantanamo,
Celui d'un bœuf poursuit ses transgressions au temple ;
Comment garder la foi ?

Les épreuves ne cessent de pleuvoir,
L'heure de la délivrance tarde à se faire apercevoir ;
Comment garder la foi ?

Les uns crèvent de famine,
Les autres se gavent d'orgie ;
Comment garder la foi ?

Le chemin est sans cesse semé d'embûches pour les plus faibles,
Le passage reste toujours marqué d'un tapis rouge pour les plus forts ;
Comment garder la foi ?

Les repères sont bousculés,
La boussole ne joue plus son rôle ;
Comment garder la foi ?

La maladie a eu raison de la communion,
La guérison a fait preuve de mutisme ;
Comment garder la foi ?

La mort a ravagé sans ébranler la dévotion,
La résurrection n'a pas été au rendez-vous ;
Comment garder la foi ?

Ils ont demandé une hospitalité,
Ils se sont heurtés à une féroce hostilité ;
Comment garder la foi ?

Ils ont cherché,
Ils n'ont pas trouvé ;
Comment garder la foi ?

Ils ont demandé,
Ils n'ont rien reçu ;
Comment garder la foi ?

Ils ont frappé,
Les portes sont restées fermées ;
Comment garder la foi ?

Les commandements n'ont connu aucune violation,
Le salut semble être une illusion ;
Comment garder la foi ?

Leurs âmes sont encore pures,
Leurs implorations n'ont échappé à la souillure ;
Comment garder la foi ?

Ils ont cru jusqu'au bout,
Ils ne savent plus à quel Saint ils se vouent ;
Comment garder la foi ?

La repentance a coûté très cher,
La rédemption ne paraît pas sincère ;
Comment garder la foi ?

Ils ont toujours eu la foi,
Le malheur a frappé à chaque fois ;
Comment garder la foi ?

Ils ont cru sans avoir vu,
Ils en ont pris plein la gueule sans l'avoir cru ;
Comment garder la foi ?

La ferveur a été édifiante,
La récompense fut répugnante ;
Comment garder la foi ?

Les cris de cœur ont déchiré le ciel,
Ils ont fait écho en enfer ;
Comment garder la foi ?

04/02/2023

J’ai vu

J’ai vu
Triompher le mensonge,
Sur la vérité ;

J’ai vu
Se tailler la justice,
Pour laisser la place à l’injustice ;

J’ai vu
La loi copuler,
Avec la plus crasseuse des crapules ;

J’ai vu
Les garants de la sécurité,
Jeter les proies dans la gueule de leurs prédateurs ;

J’ai vu
Des bourreaux comme des caméléons ingénieux,
Prendre la place des victimes avec la bénédiction d’un système crasseux ;

J'ai vu
Trépasser de braves gens,
Sans goûter au moindre fruit de leur bravoure ;

J'ai vu
Des gens les plus précautionneux,
Écoper des maux les plus calamiteux ;

J'ai vu
Des êtres aux cœurs grands comme l'océan,
Se les faire voler par ceux qui n'ont à la place qu'un caillou géant ;

J'ai vu
Prier avec foi le ciel des fervents,
Sans percevoir à l'horizon aucun exaucement ;

J'ai vu
La demoiselle pucelle,
Se faire voler son plus beau bijou par le plus vilain des rebelles ;

J'ai vu
Des enfants innocents et les plus adorables,
Hériter de parents les plus ignobles ;

J'ai vu
Des voleurs d'œufs exercer leur liberté derrière les barreaux de Guantanamo,
Alors que des voleurs de bœufs n'ont jamais pris la température des prisons dorées ;

J'ai vu

Frapper de maladies gourmandes en liasses de billets,
Des gens pauvres comme des rats d'église dépourvus du moindre centime ;

J'ai vu

Se faire arracher le fruit de leurs entrailles des mères dévouées,
Pour être remis à des pères et époux bourreaux désavoués ;

J'ai vu

Des femmes les plus extraordinaires,
Se retrouver dans le piège d'hommes les moins exemplaires ;

J'ai vu

Le plus prometteur des garçons,
Réaliser ses rêves dans les ghettos ;

J'ai vu

La plus catholique des filles,
Bâtir son foyer dans les rues de Pigalle ;

J'ai vu

Des personnes insouciantes bien perchées confortablement,
Connaître des chutes vertigineuses lamentablement ;

J'ai vu

Des âmes capables de sauver tout un continent,
Précipiter dans l'au-delà par le poids de la trahison amèrement ;

J'ai vu

Les rêves de toute une humanité,
Écraser par les pattes puissantes et inhumaines de l'impérialisme ;

J'ai vu
Des innocents n'ayant jamais touché au pot,
Payer les frais de sa cassure dans le chaud ;

J'ai vu
Des gens se sacrifier pour s'assurer à la pause d'une bonne soupe au chaud,
Passer le reste de leur existence à errer de déchetterie en déchetterie pour le moindre casse-croûte bien froid ;

J'ai vu
Des femmes prêtes à perdre leur vie pour en donner une autre,
Se voir récompenser par l'esprit de la mort au bout de 09 mois ;

J'ai vu
Une gent féminine avertie prendre toutes les précautions pour éviter le chemin des voyous,
Tomber de nouveau dans les embuscades des pires qui soient ;

J'ai vu
Des paysans se retrouver les greniers vides,
Car dépouillés de leurs récoltes par des bandits n'ayant jamais perçu la couleur de leurs semences ;

J'ai vu
Des hommes traiter leurs femmes comme des reines,
Et se retrouver comme des valets dans leurs arènes ;

J'ai vu
Des personnes les plus fidèles,
Payer de leurs vies à cause de leurs partenaires infidèles ;

J'ai vu
Des vies humaines s'adjuger en Rial Iranien à tort,
Et des bouts de ferrailles vendus en lingots d'or ;

20/10/2022

Je me souviens

Je me souviens
De ma patrie connue dans les coulisses pour sa tranquillité,
Et non de mon pays sous les feux des projecteurs à cause de ses tourments ;

Je me souviens
De l'intégrité de la majorité,
Et non de la corruption du plus grand nombre ;

Je me souviens
Du plus grand sacrifice consenti à sa patrie,
Et non de la plus grande attention accordée à son petit être ;

Je me souviens
De la solidarité dans le meilleur et le pire,
Et non du « chacun pour soi et du Dieu pour tous » dans la désunion ;

Je me souviens
De cette quiétude insouciante,
Et non de cette peur permanente ;

Je me souviens
De cette concession à peine clôturée dans laquelle on dormait à poings fermés,
Et non de cette forteresse dans laquelle on somnole les yeux à moitié ouverts ;

Je me souviens
De cette sédentarité choisie et rassurante,
Et non de ce nomadisme subi et affligeant ;

Je me souviens
De cette fraternité sans frontières frappante,
Et non de ces unions calculées et révoltantes ;

Je me souviens
De cet Amour inconditionnel pour son prochain d'autre rang,
Et non de cette haine irrationnelle pour son frère du même sang ;

Je me souviens
Du mélange de mon peuple sans distinction d'appartenance,
Et non de ces ségrégations à grande résonance ;

Je me souviens
De cette hospitalité chaleureuse,
Et non de cette hostilité glaciale ;

Je me souviens
De cet étranger à qui on offrait sa natte pour dormir à même le sol heureux,
Et non de celui qu'on laisse mourir de froid pour se coucher sur des matelas moelleux ;

Je me souviens
De cet inconnu qu'on gavait pour dormir le ventre creux,
Et non de celui qu'on laisse mourir de faim pendant que nos marmites sont pleines ;

Je me souviens
De ces nuages noirs qui arrosaient la terre de nos ancêtres,
Et non de cette sécheresse alarmante qui menace les greniers de nos paysans ;

Je me souviens
De l'eau pluvieuse qui faisait chanter les toits de nos cases,
Et non du sang de nos frères qui fait pleurer nos sages ;

Je me souviens
Du peu dont on se contentait pour faire notre bonheur,
Et non du plein qu'on a mais qui ne nous sauve pas du malheur ;

Je me souviens
De cette petite pièce qui avait beaucoup de valeur,
Et non de ce gros billet dévalué qui nous plonge dans la peur ;

Je me souviens
De ces denrées achetées à vil prix qui nous remplissaient la panse,
Et non de celles qui coûtent la peau des fesses mais qui nous restent à travers la gorge ;

Je me souviens
Du digne fils qui se battait pour gagner son pain dans le dur labeur,
Et non du rejeton qui sans vergogne se gave du fruit du déshonneur ;

Je me souviens
De ma sœur qui n'exhibait pas ce qu'elle avait de plus cher pour de l'or,
Et non de celle qui est prête à tout mettre aux enchères pour de la pacotille ;

Je me souviens
De mon frère qui donnait sans rien attendre en retour,
Et non de celui qui réclame une récompense démesurée au moindre service rendu sans détour ;

Je me souviens
De la considération religieuse accordée aux doyens sans gage,
Et non de ce mépris balancé à ceux du troisième âge ;

Je me souviens
Des parents qui transmettaient des valeurs sûres à leurs progénitures,
Et non de ceux qui les jettent sans bases solides à l'aventure ;

Je me souviens
Du fils, qui pour ses géniteurs faisait tout pour être leur fierté,
Et non de ce rejeton qui n'a aucun scrupule à leur ôter toute dignité ;

Je me souviens
Du père qui ne donne que ce qu'il y a du mieux à ses héritiers,
Et non de celui qui donne du serpent à la pire de sa descendance ;

Je me souviens
Du tout puissant qui se souvient toujours de ses enfants,
Et non de celui qui oublie ses brebis égarées ;

Je me souviens
Du Dieu qui malgré tout faisait toujours grâce au Burkina Faso,
Et non de celui qui ne renouvelle pas sa miséricorde ;

05/01/2022 (00 : 50)

Souviens-toi de moi

Que ne soit ignorée mon existence,
Au milieu de tes innombrables instances,
Souviens-toi de moi ;

Que ne se dévalorise ma petite personne saine,
Au milieu de ta responsabilité à hauteur de vie humaine,
Souviens-toi de moi ;

Que ne soit brisé mon cœur en or,
Par un autre qui scintille mais en pacotille,
Souviens-toi de moi ;

Que ne perdent les traits de mon visage leur finesse,
Lorsque rôdent des physionomies audacieuses,
Souviens-toi de moi ;

Que les courbes de mon corps ne se déforment dans la vieillesse,
À cause des méandres d'un autre rempli de jeunesse,
Souviens-toi de moi ;

Que dans ta mémoire ne se refroidisse ma chaleur,
Quand sous des draps de soie monte la température,
Souviens-toi de moi ;

Que ne soit omise ma légendaire douceur,
Par une arrogante ardeur,
Souviens-toi de moi ;

Que ne soit effacée ma modeste beauté angélique,
Par l'empreinte de bien vénustés diaboliques,
Souviens-toi de moi ;

Que mon parfum ne se désodorise,
Quand se mêlent des odeurs qui hypnotisent,
Souviens-toi de moi ;

Que ne perde ma voix sa sensualité,
Quand se mélangent des résonances d'austérité,
Souviens-toi de moi ;

Que l'océan de mes yeux ne perde son pouvoir de te faire chavirer,
Quand d'autres vagues essayent de te sauver,
Souviens-toi de moi ;

Que ne se réduise la sensualité de ma voix,
Au profit d'une autre qui fait hésiter sur le choix,
Souviens-toi de moi ;

Que mes baisers ne perdent leur saveur,
Dans des flirts échangés sans aucune ferveur,
Souviens-toi de moi ;

Que ne se ternisse l'éclat de mon sourire,
Quand se multiplient des cohues de rires,
Souviens-toi de moi ;

Que ne perde ma sauce sa saveur dans ta bouche,
Quand d'autres t'en servent de bien épicées à la louche,
Souviens-toi de moi ;

Que mon numéro de téléphone ne devienne invisible,
Dans cette marée des cartes de visite irrésistibles,
Souviens-toi de moi ;

Que ne deviennent mes messages illisibles,
Dans une foule de notes trop visibles,
Souviens-toi de moi ;

Que les échos de mes appels ne disparaissent dans les airs,
Sans pouvoir trouver des oreilles attentives sur terre,
Souviens-toi de moi ;

Que mes nuits froides ne voient lever le jour,
Sans que tu ne viennes me réchauffer la nuit,
Souviens-toi de moi ;

Que ne s'éternise ma solitude,
Dans une absence qui invite de la lassitude,
Souviens-toi de moi ;

Que ne se transforme mon Amour en haine,
Comme le sont devenus plusieurs à la chaîne,
Souviens-toi de moi ;

19/11/2021

On me dit que

On me dit que
Je ne suis pas l'Alpha,
Et que je ne saurais être l'Oméga ;

On me dit que
Je ne suis pas la seule,
Et qu'elles sont des milliers à avoir la même gueule ;

On me dit que
Mes génitrices vivent cela depuis une éternité,
Et que mon époque ne saurait me sauver de cette fatalité ;

On me dit que
C'est ainsi forcément,
Et que je ne pourrais faire autrement ;

On me dit que
Il n'y a rien qui exaspère,
Et que c'est moi qui exagère ;

On me dit que
Les choses sont tellement faciles,
Et que c'est moi qui les rends difficiles ;

On me dit que
Mon fardeau n’a rien d’irrémédiable,
Et que d’autres sont devenus des maux incurables ;

On me dit que
J’apprécie mal les éléments,
Et que je devrais revoir mes jugements ;

On me dit que
Je suis bien lotie,
Et que je joue à la non-lotie ;

On me dit que
Malgré tout je fais des envieux,
Et que je ferais mieux d’ouvrir les yeux ;

On me dit que
C’est une obligation,
Et qu’il n’y a aucune dérogation ;

On me dit que
Partout sévit la sécheresse,
Et que nulle part règne l’abondance ;

On me dit que
Chaque case résiste malgré maintes avalanches,
Et que je ne peux laisser la mienne crouler sous quelques décadences ;

On me dit que
Ils seront sans défense,
Et que je dois faire preuve de résistance ;

On me dit que
Il pourrait se retrouver au ghetto,
Alors que ses rêves étaient logés chez les cathos ;

On me dit que
On pourrait l'appeler « Madame »,
Alors qu'elle est toujours d'innocente âme ;

On me dit que
Ce serait une grosse bêtise,
Et que je le regretterais à plusieurs reprises ;

On me dit que
Le sacrifice à un prix,
Et que je dois m'en acquitter sans cri ;

20/10/2018

Il pourrait

Il pourrait
Devenir l'amant dont elle rêve,
Elle ne le capterait plus ;

Il pourrait
Se muer au compagnon parfait,
Elle ne le cernerait plus ;

Il pourrait
Se transformer en un mari idéal,
Elle ne s'en réjouirait plus ;

Il pourrait
Lui prodiguer les attentions les plus remarquables,
Elle ne les verrait plus ;

Il pourrait
Assouvir ses envies les plus inimaginables,
Elle ne l'apprécierait plus ;

Il pourrait
Lui chuchoter les plus belles paroles,
Son tympan ne les lui transmettrait plus ;

Il pourrait
Lui prodiguer les caresses les plus sensuelles,
Elle ne les sentirait plus ;

Il pourrait
Lui donner les baisers les plus fougueux,
Elle resterait froide ;

Il pourrait
L'envelopper de pagne en or,
Son corps ne se réchaufferait plus ;

Il pourrait
Lui acheter les chaussures les plus protectrices,
Elle ne se sentirait pas en sécurité ;

Il pourrait
La parer des bijoux les plus attrayants,
Elle ne s'en sentirait pas belle ;

Il pourrait
Lui apporter toute l'assurance imaginable,
Elle baignerait toujours dans l'incertitude ;

Il pourrait
Lui donner tout son Amour,
Elle se sentirait toujours mal aimée ;

Il pourrait
Lui offrir toute la richesse du monde,
Elle se sentirait toujours pauvre ;

Il pourrait
Fournir tous les efforts possibles,
Sa reconquête semble impossible…

13/03/2018

En quête d’amour

Elle est en quête d’amour
Qu’elle est prête à vivre auprès de celui qui le lui donnerait,
Sans aucune considération matérielle, financière…

Alors elle s’imagine dans une case pleine d’amour avec
une personne du troisième âge qui l’aimerait :

Une case modeste,
Une case faite de banco,
Une case coiffée de chaume en paille,
Une case fermée avec une porte en paille,
Une case au sol remblayée avec de la terre,
Une case éclairée d’une lampe à pétrole ;

Elle ne verrait pas :

Son corps marqué par l’âge, le temps et ses conditions ;

Ses mains rugueuses marquées par ses durs labeurs sur sa peau douce ;

Sa performance sexuelle réduite par son manque de force physique ;

La pauvreté de sa bourse ;

La natte sans douceur sur laquelle ils s'enlaceront ;

La case à peine illuminée dans laquelle ils feront l'Amour ;

Elle ne verrait que **son Amour** :

Son Amour sincère,
Son Amour vrai,
Son Amour inconditionnel,
Son Amour sans calcul,
Son Amour sans contrat,
Son Amour qui lui redonnerait goût à la vie,
Son Amour qui l'amènerait à craindre la mort ;

Elle ne verrait que **les émotions** :
Les émotions que créeraient leurs cœurs,
Les émotions que la chaleur de leurs corps provoquerait en chœur ;

Son Amour à travers lequel il lui offrirait :

Des pagnes les moins chers mais qu'elle apprécierait grandement ;

Des beignets les plus simples mais avec lesquels elle
amuserait sa bouche avec engouement ;

Des condiments les plus modestes mais avec lesquels elle
cuisinerait les plats les plus succulents ;

Des chaussures les moins protectrices mais avec
lesquelles elle foulerait le sol avec assurance ;

Des bijoux de pacotille mais avec lesquels elle se parerait avec fierté ;

De l'encens les plus classiques mais avec lequel elle se
parfumerait pour le séduire ;

Une calebasse qu'il taillerait lui-même dans laquelle elle
étancherait sa plus grande soif ;

Un canari en terre dans lequel elle conserverait l'eau et
les colas pour eux ;

Elle apprendrait à interpréter les colas qu'il lui laisserait
sous le canari,
Et elle se préparerait en conséquence avec la joie au cœur ;

Elle lui tendrait une calebasse d'eau pour lui traduire son
désir de s'abandonner à lui,
Et il la comprendrait…

07/02/2018

Est-ce que c’est lui

Une apparence physique qui attire,
Un style qui ne laisse pas indifférent ;
Est-ce que c’est lui ?

Un charme indiscutable,
Et qui spontanément invite à table ;
Est-ce que c’est lui ?

Un regard captivant,
Et qui en dit long sur l’élément ;
Est que c’est lui ?

Une mèche de cheveux tombant négligemment,
Et qui est tout aussi enivrant ;
Est-ce que c’est lui ?

Une virilité très perceptible,
Et qui rend irrésistible ;
Est-ce que c’est lui ?

Une voix douce et posée,
Et qui a le mérite de rassurer ;
Est-ce que c'est lui ?

Une assurance bien marquée,
Et qui à la fois interroge ;
Est-ce que c'est lui ?

Des heures de communication inexpliquée,
Ça passe comme une lettre à la poste ;
Est-ce que c'est lui ?

Des sujets de discussion osés et inattendus,
C'est comme s'ils se connaissaient ;
Est-ce que c'est lui ?

Un intérêt qui semble sincère,
Un cœur qui paraît bon ;
Est-ce que c'est lui ?

Un raffinement sans faille,
Et qui est incomparable à celui de la racaille ;
Est-ce que c'est lui ?

Une simplicité sans pareil,
Et qui pour détection n'a pas besoin d'appareils ;
Est-ce que c'est lui ?

Un métier gardé secret par méfiance,
Et qui n'inspire pas confiance ;
Est-ce que c'est lui ?

Une carrure enveloppante,
Et qui invite à s'y réfugier ;
Est-ce que c'est lui ?

Une main au contact furtif qui réchauffe,
Et qui donne envie de la garder ;
Est-ce que c'est lui ?

Un humour à mourir de rire,
Et qui fait oublier le pire ;
Est-ce que c'est lui ?

Un tour de voiture volé,
Et qui fait découvrir le luxe ;
Est-ce que c'est lui ?

Une balade à pied dans le froid,
Et qui malgré tout donne chaud ;
Est-ce que c'est lui ?

Un niveau d'intelligence à la pointe,
Et qui interroge sur une éventuelle éligibilité ;
Est-ce que c'est lui ?

Un niveau de vie bien supérieur,
Et qui met à mal une éventuelle compatibilité ;
Est-ce que c'est lui ?

Une galanterie qui est au rendez-vous,
Et qui n'a pas besoin de se mettre à genoux ;
Est-ce que c'est lui ?

Une douceur remarquable,
Ça devient intenable ;
Est-ce que c'est lui ?

Un plaisir qui suit son cours,
Une complicité qui jalonne le parcours ;
Est-ce que c'est lui ?

Un casse-croûte sur les bancs publics de Georges,
Comme pour communier avec Brassens ;
Est-ce que c'est lui ?

Crise sanitaire du Covid d'abord,
Sans Passe Sanitaire on fait avec les moyens du bord ;
Est-ce que c'est lui ?

Une pensée innocente enfouie,
Et qui donne une sensation dévoilée ;
Est-ce que c'est lui ?

Un sourire caché qui fait rêver,
Une envie de s'ouvrir de nouveau ;
Est-ce que c'est lui ?

On a envie de fendre les nuages,
Et de se retrouver au 7e ciel ;
Est-ce que c'est lui ?

12/11/2021 : 2 h du matin

Ange et démon

De l'amant rêvé,
Au compagnon détesté,
Est-ce un ange ou un démon ?

De ces bouquets de roses fraîches,
À cette mauvaise herbe sèche,
Est-ce le beau temps ou le ciel gris ?

De cette créature angélique,
À ce spécimen diablotin,
Est-ce le paradis ou l'enfer ?

De l'élégance à la bonne chère,
À la racaille à nettoyer au Karcher,
Est-ce un gentleman ou un petit vilain canard ?

De la douceur qui étonne,
À la foudre qui détonne,
Est-ce Gainsbourg ou Gaingsbar ?

De la patience remarquable,
À l'impulsivité détestable,
Est-ce un doux agneau ou le grand méchant loup ?

De ce timbre de voix posé qui rassure,
À cette tonalité bruyante qui censure,
Est-ce un démocrate ou un dictateur ?

De ce visage familial,
À cette gueule méconnaissable,
Est-ce un confident ou un étranger ?

De cet homme qui a terminé sa croissance,
À ce garçon en crise d'adolescence,
Est-ce une merveille ou une canaille ?

D'une personne prudente,
À celle qui joue au pyromane,
Est-ce un sage ou une tête brûlée ?

De ce court fleuve tranquillisant,
À ce long déluge ravageant,
Est-ce une croisière ou une avalanche ?

De celui qui croque la vie à pleine dent,
À celle qui veut la balancer souvent,
Cherche-t-il les portes du paradis ou veut-il croiser les fers avec les anges de l'enfer ?

De toutes ces figures appréciées,
À ces facettes controversées,
Est-ce une personnalité ou un jeu de rôle ?

De la bête et la belle,
À Bonnie and Clyde,
Est-ce que le jeu en vaut la chandelle ?

26/09/2022

Si tu sais que

Si tu sais que
Tu n’es pas prêt,
Ne lance pas les hostilités ;

Si tu sais que
Tu as des doutes,
Ne l’embarque pas dans des incertitudes ;

Si tu sais que
Tu es perdu,
Ne l’emmène pas dans cette errance ;

Si tu sais que
Tu n’es pas sincère,
Ne lui fais pas de fausses promesses ;

Si tu sais que
Ton cœur n’y est pas,
Ne lui fais pas imaginer une romance ;

Si tu sais que
Un autre visage éblouit déjà tes yeux,
Ne porte pas des verres pour dévoiler le sien ;

Si tu sais que
Un autre corps t'a déjà fait flancher,
Ne laisse pas mettre à nu les courbes ;

Si tu sais que
Tu n'as plus d'amour à offrir,
Ne lui fais pas ouvrir son cœur ;

Si tu sais que
La place est déjà occupée,
Ne l'invite pas à s'asseoir ;

Si tu sais que
Tu as une première vie,
Ne l'engage pas dans une seconde ;

Si tu sais que
Ton ciel est gris,
Ne lui promets pas de soleil ;

Si tu sais que
Tu es encore un garçon,
N'essaie pas de lui montrer une pomme d'Adan ;

Si tu sais que
Tu n'es pas un homme,
Ne tente pas de faire d'elle une femme ;

Si tu sais que
Tu n'es pas capable,
Ne lui fais pas miroiter l'impossible ;

Si tu sais que
Au fond tu es faible,
Ne lui promets pas la protection ;

Si tu sais que
Tu n’es pas confiant,
Ne lui vends pas des polices d’assurance ;

Si tu sais que
La queue est interminable,
Ne lui fais pas perdre le temps ;

Si tu sais que
Tu es d’un autre bord,
Ne l’attire pas dans ta barque ;

Si tu sais que
Les différences sont innombrables,
Ne lui invente pas de fausses similitudes ;

Si tu sais que
Ton grenier est vide,
Ne convie pas à festoyer ;

Si tu sais que
C’est toi le fautif,
Ne lui fais pas porter le chapeau ;

Si tu sais que
La sécheresse provient de toi,
Ne laisse pas la foudre s’abattre chez l’autre ;

Si tu sais que
Le pneu est percé,
Il est vain de le pomper ;

Si tu sais que
Tu n’arrives pas à décoller,
Ne relance pas pour avancer ;

Si tu sais que
Tu es en train de couler,
Ne l’emmène pas dans ton naufrage ;

Si tu sais que
Tu perds pied,
Tire la sonnette d’alarme,
Et on t’aidera à retrouver l’équilibre.

02/02/2023 (9 h 30)

Méfie-toi de l’eau qui semble dormir

Tu les honores de ta plus grande sincérité,
Mais ils te récompensent de leur pire méchanceté ;

Tu leur ouvres grandement ton cœur,
Mais ils te font preuve de leur fine hypocrisie ;

Tu leur parles de ta maladie pour qu’ils te proposent leurs soins,
Mais ils t’administrent le poison qui te tuera plus vite que ton mal ;

Ils sont âgés,
Mais ils n’ont pas l’ombre d’une sagesse ;

Ils sont incapables d’avoir la plus petite force pour aimer
leur prochain gratuitement,
Mais ils trouvent toute l’énergie nécessaire pour détruire
autrui fortuitement ;

Ils se détestent entre eux,
Mais ils se regroupent autour d’un Amour diabolique
pour détruire leur pauvre cible ;

Leurs dents te montrent leur blancheur,
Mais leurs sentiments machiavéliques te cachent leur obscurité ;

Ils paraissent doux comme des agneaux,
Mais ils te dévorent à la moindre occasion comme des tigres ;

Ils sont toujours présents dans les églises,
Mais ils ne connaissent pas réellement Dieu ;

Ils se parent extérieurement de pagnes religieux,
Mais intérieurement ils sont comme des païens ;

Ils paraissent heureux ;
Mais au fond ils se nourrissent du malheur des autres ;

Je ne suis pas parfaite,
Mais je suis fière d'être différente de ces gens-là ;

Alors méfie-toi de l'eau qui semble dormir.

20/03/2018

Table des matières

Imprimé en Allemagne
Achevé d'imprimer en septembre 2023
Dépôt légal : septembre 2023

Pour

Le Lys Bleu Éditions
40, rue du Louvre
75001 Paris

www.ingramcontent.com/pod-product-compliance
Lightning Source LLC
Chambersburg PA
CBHW062347010826
49168CB00024B/300

* 9 7 9 1 0 4 2 2 0 7 9 1 5 *